ENRIQUE RULOFF

BULLING ESPIRITUAL

Cuando quieran dañar tu identidad

Estrategias espirituales
para sobreponerte
a los ataques del enemigo.

Ruloff, Enrique Luis
Bulling espiritual : estrategias espirituales para sobreponerte a los ataques del enemigo / Enrique Luis Ruloff. - 1a ed adaptada. - Olivos : Enrique Luis Ruloff, 2016.

100 p. ; 22 x 15 cm.

ISBN 978-987-42-2012-7

1. Espiritualidad Cristiana. I. Título. CDD 248.4

Copyright 2016 por Enrique Luis Ruloff
Borges 3247(1636) Olivos - Buenos Aires
Tel. 54-11-4799-8533

ISBN N° 978-987-42-2012-7
Hecho el depósito que marca la ley 11.723
Queda prohibida la reproducción total o parcial de Este material, sin previa autorización del autor.

Diseño de portada e interior: DAF - Comunicación Gráfica
dafcg@telecentro.com.ar
Imágenes de portada: "Designed by Asierromero / Freepik"

Producido en ArgentinaOctubre de 2016 por Enrique Luis Ruloff

Impreso en Argentina - Octubre 2016
BibliográfikaBarzana 1263 CABA
www-bibliografika.com

BULLING ESPIRITUAL

CONTENIDO

Introducción
1. Dios no es bueno
2. No sos hijo de Dios
3. Sos pobre
4. Estas solo
5. Nunca llegarás a nada
6. Dios no te cuida
7. Dios no te alimenta
8. Sos débil
9. Estás endeudado
10. Eres temeroso – cobarde
11. Dios no te escucha
12. Estás perdido
13. Estás condenado
14. Sos pecador
15. Sos una víctima
16. Sos esclavo

17. Estas sucio
18. Estas incompleto
19. Sos ignorante
20. Fuiste abandonado
21. Eres discapacitado
22. No tienes prestigio - fama
23. No tienes herencia
24. Eres un derrotado
25. Estás indefenso
26. Tu cuerpo no sirve
27. No sirves
28. Eres enfermo
29. Eres un maldito
30. Sos un perdedor
31. Estás cansado

INTRODUCCIÓN

Uno de los males sociales que sufren los adolescentes hoy día y que esta moderna sociedad le ha dado un nombre, es el Bullying. La palabra bullying deriva de bully, que puede ser un verbo con el significado de 'intimidar', o un sustantivo que traduce 'matón' o 'bravucón'. Es una palabra del inglés que podemos traducir al español como 'acoso escolar' o 'intimidación'[1].

El bullying es un acoso físico o psicológico al que someten, de forma continuada una persona o un grupo a otra persona. Generalmente, el bullying comienza con burlas que se van intensificando, volviéndose más pesadas, hasta que, tarde o temprano, derivan en agresiones, sean físicas o verbales. Las consecuencias de esto son daños psicológicos y emocionales en el individuo afectado por el acoso.

---

[1] http://www.significados.com/bullying/

BULLING ESPIRITUAL

El acosador logra la intimidación de la otra persona, que lo percibe como más fuerte, más allá de si esta fortaleza es real o subjetiva. Poco a poco la víctima comienza a experimentar diferentes consecuencias psicológicas ante la situación, teniendo temor de asistir a clase o mostrándose retraido ante sus compañeros.

Recuerdo que cuando estaba en la escuela primaria había un compañero de 6º o 7º grado que a la salida de clases nos molestaba a mi hermano mayor y a mi. El era de contextura física más grande, y esos 500 metros que compartíamos juntos hasta que nuestros caminos tomaban una dirección diferente, eran un calvario. Un día, cansados de esta situacion armé una estrategia con mi hermano para ponerle fin a ese asunto. Yo era muy chico de contextura y mi hermano mayor era un poco mas grande y más fuerte. Le dije a mi hermano, cuando este muchacho se acerque a nosotros, yo ire por detrás y me lo montaré por la espalda y le agarraré los brazos. Cuando yo haga eso, vos dale desde el frente. Y así lo hicimos. Ese día fue el fin de la historia, a partir de alli caminamos tranquilos ese medio kilómetro.

Pero además del acoso físico o psicológico, los cristianos también sufrimos de bullying espiritual. El enemigo trata de amedrentarnos. Una y otra vez nos hace sentir que es más fuerte y día a día nos va intimidando, socavando nuestra confianza y seguridad. Nos acorrala, nos oprime, nos acosa o nos endemoniza.

De hecho, trata de hacer lo que Jesús les dijo a sus discípulos, cuando hizo una descripción de lo que Satanás vino a hacer, al decir en Juan 10:10 "El enemigo vino para matar, robar y destruir". Luego, en Apocalipsis 12, el apóstol lo identifica como el acusador de nuestras almas.

BULLING ESPIRITUAL

Quiero compartirte en las siguientes páginas algunos de los acosos que el nos hace, o mentiras que nos dice y también quiero darte las herramientas para que puedas sobreponerte a esa estrategia del infierno.

BULLING ESPIRITUAL

BULLING ESPIRITUAL

-1-
DIOS NO ES BUENO

Génesis 3:1-3 *"Y la serpiente era más astuta que cualquiera de los animales del campo que el SEÑOR Dios había hecho. Y dijo a la mujer: ¿Conque Dios os ha dicho: 'No comeréis de ningún árbol del huerto'? Y la mujer respondió a la serpiente: Del fruto de los árboles del huerto podemos comer; pero del fruto del árbol que está en medio del huerto, ha dicho Dios: 'No comeréis de él, ni lo tocaréis, para que no muráis".*

Cuando uno analiza la primer tentación y la caída de Adán y Eva, uno puede darse cuenta que el primer pecado de ellos no fue la desobediencia, sino la desconfianza que lo llevó luego a la desobediencia.

Satanás logró convencer a Eva de que Dios en esencia no era bueno, sino malo, por eso no quería que comiera del fruto de ese árbol. Al oírlo Eva, se instaló la desconfianza.

BULLING ESPIRITUAL

Pero detrás del pecado de la desconfianza había uno más profundo todavía que era el de la insatisfacción.

Observemos como este pecado nos sigue golpeando. Podemos tener una hermosa familia, un hermoso esposo o esposa, sin embargo la insatisfacción muchas veces nos hace sentir infelices y el enemigo nos hace creer que en este otro hombre o en esta otra mujer está la felicidad.

Podemos tener casa, auto, un buen pasar, sin embargo el enemigo nos hace creer que si ganáramos más dinero, entonces realmente seríamos felices, y esa insatisfacción nos carcome la felicidad.

Adán y Eva tenían todo, estaban en el paraíso, hablaban con Dios cara a cara, sin embargo la insatisfacción les condujo a ese árbol y Eva vio que el fruto era agradable a los ojos, que era bueno para comer y que reunía las condiciones para alcanzar la sabiduría, entonces tomó del fruto y lo comió.

Ante este tipo de tentación, una y otra vez necesitamos recordarnos y recordarle al enemigo que nuestro Dios en esencia es bueno y que a pesar de las dificultades nosotros seguiremos confiando en él.

Es bueno que el enemigo escuche que "Hemos decidido no salirnos de la Roca" porque en ella tenemos todo lo que necesitamos, y ante ese acoso que podamos responder: "Mi Padre en esencia es bueno".

-2-
NO SOS HIJO DE DIOS

Lucas 4:1-3 *"Jesús, lleno del Espíritu Santo, volvió del Jordán y fue llevado por el Espíritu en el desierto por cuarenta días, siendo tentado por el diablo. Y no comió nada durante esos días, pasados los cuales tuvo hambre. Entonces el diablo le dijo: Si eres Hijo de Dios, di a esta piedra que se convierta en pan".*

El *"Si eres hijo de Dios"* se repite una y otra vez. La intención del enemigo era socavar la identidad de Jesús, porque sabía que si lograba debilitar eso, lo demás era cuestión de tiempo.

El enemigo sabe que si nosotros dudamos de nuestra identidad como hijos e hijas de Dios, la caída o las frustraciones son una cuestión de días o semanas. Por eso Juan 1:12 declara: *"Pero a todos los que le recibieron, les dio el*

BULLING ESPIRITUAL

derecho de llegar a ser hijos de Dios, es decir, a los que creen en su nombre".

Si pensamos en nuestros padres biológicos y todo marcha bien, no tenemos que estar demostrando una y otra vez que somos hijos de quienes dicen ser nuestros padres. Hay un ADN que nos delata, hay cuestiones psicológicas y físicas que revelan nuestro parecido.

Hace algunos años atrás conocimos a un hombre en USA, que a los 9 o 10 años fue a un orfanatorio cerca de Mar del Plata y a los 14 años la madre lo llevó a Estados Unidos. Por casi 40 años no vio a su padre, hasta que luego se reencontró con el. Un día, en uno de mis viajes a NY, le traje algo a su padre que vive en Buenos Aires, cuando lo vi y le escuché hablar era un calco el hijo con su padre, aunque creció separado de el. No había dudas de que este hombre era el padre biológico de este amigo en USA.

Si tuvimos un encuentro con Dios, pasamos de ser creación de Dios a la categoría de hijos. Si el ADN espiritual se impregnó en nosotros, si el fruto del Espíritu es evidente, si los dones están identificados, entones podemos saber a ciencia cierta que Dios es nuestro Padre y que nosotros somos sus hijos.

Ante el acoso del enemigo de que no soy un hijo/a de Dios; con certeza podemos responderle: *"Estás equivocado, yo soy su hijo/a"*. Seremos tan parecidos que el mundo nos llamará "cristos" o "cristianos", como lo hicieron con los primeros discípulos en Antioquía.

-3-
SOS POBRE

La sensación de que siempre nos falta un centavo para el peso es algo que nos acompaña desde siempre. Hay una creencia de que si nos acercamos a Dios, este nos sacará nuestro dinero. Sin embargo Jesús enseñó a sus discípulos en Mateo 6:33 que si buscamos primero el Reino de Dios y su justicia, todo lo demás nos sería añadido.

La Biblia está llena de historias de personas que se acercaron a Dios y fueron prosperadas. La promesa de que Dios nos daría más que suficiente ya la encontramos en los comienzos de Israel como nación.

Deuteronomio 28:8, 10-11 dice: *"El SEÑOR mandará que la bendición sea contigo en tus graneros y en todo aquello en que pongas tu mano, y te bendecirá en la tierra que el SEÑOR tu Dios te da. Entonces verán todos los pueblos de la tierra*

BULLING ESPIRITUAL

que sobre ti es invocado el nombre del SEÑOR; y te temerán. Y el SEÑOR te hará abundar en bienes, en el fruto de tu vientre, en el fruto de tu ganado y en el producto de tu suelo, en la tierra que el SEÑOR juró a tus padres que te daría".

Se dice que si comemos las tres comidas diarias, si tenemos un lugar donde descansar y algunas monedas en nuestros bolsillos, entonces pertenecemos al 8% más rico de la población mundial.

Si el enemigo viene para acosarnos, diciéndonos que somos pobres, debemos decirlo que en Cristo somos prósperos y que ninguna descendencia justa de Dios estará mendigando.

No creo en el evangelio de la prosperidad, pero sí creo que el evangelio nos prospera. Es decir, sin importar en las condiciones que estamos cuando llegamos a Jesús por primera vez, si perseveramos en amarle, seguirle y serle fiel, nuestra historia cambiará dramáticamente para bien.

Dios tiene la capacidad de cambiar nuestra historia. El tiene el poder para sacarnos de la pobreza y de la necesidad y conducirnos generacionalmente a la abundancia. La Biblia asegura que los que confiamos en Dios, aún nuestra descendencia no mendigará el pan.

-4-
ESTÁS SOLO

Vivir en una ciudad inmensa como Buenos Aires, San Pablo, Distrito Federal, Nueva York o Tokio no nos garantiza que estemos siempre acompañados. La soledad no es la ausencia de personas, sino un estado interno. Por eso el enemigo muchas veces gana la victoria con este acoso porque nosotros nos dejamos influenciar por la presencia o no de otras personas.

Pero la realidad es que la soledad debe ser tratado en nuestro interior y esta dependerá si somos conscientes o no de la presencia de nuestro buen Dios. En la medida en que seamos más conscientes de que Dios está presente y que cumple su promesa de acompañarnos todos los días de nuestras vidas, entonces ese sentimiento también irá desapareciendo.

El salmista pudo, en un momento crucial de su vida, afe-

BULLING ESPIRITUAL

rrarse a una promesa de Dios, quien dijo: *"Aunque tu padre y tu madre te abandonaren, yo siempre estaré contigo"* (Salmo 27:10). De modo que si el viene a acosarnos con el tema de la soledad, necesitamos responderle que nuestro mejor amigo es Jesús y que él se ha comprometido a estar con nosotros siempre, hasta el último día de nuestras vidas. Así lo declara Jesús en Mateo 28:20 es *"Les aseguro que estaré con ustedes siempre, hasta el fin del mundo".*

No permitamos que la ausencia de las personas que nos gustaría que estén, nos nuble u oscurezca la visión espiritual que impida que nosotros podamos ver a Dios caminando a nuestro lado.

De la misma manera que solemos decir que aunque el cielo esté nublado, aún así está el sol, aunque no lo veamos; del mismo modo podemos afirmar que, aunque no veamos a Dios él está a nuestro lado, en tiempos buenos o de dificultades.

BULLING ESPIRITUAL

-5-
NUNCA LLEGARÁS A NADA

Esta es una de las herramientas más eficaces del enemigo, al hacernos creer de que nunca podremos llegar a nada; de que las circunstancias de la vida nos hundirán y que no hay esperanzas para nosotros.

Muchas veces la voz del enemigo, con este acoso, viene de nuestros padres, seres queridos, o maestros. Son aquellos que mayor cercanía tienen a nosotros en nuestra temprana infancia, quienes construyen o destruyen nuestra capacidad de soñar o de proyectarnos al futuro.

Cuando Dios soñó con su pueblo escogido, desde sus albores les dijo en Deuteronomio 28:13-14 "*Y te pondrá el SEÑOR a la cabeza y no a la cola, sólo estarás encima y nunca*

BULLING ESPIRITUAL

estarás debajo, si escuchas los mandamientos del SEÑOR tu Dios que te ordeno hoy, para que los guardes cuidadosamente; no te desvíes de ninguna de las palabras que te ordeno hoy, ni a la derecha ni a la izquierda, para ir tras otros dioses y servirles".

La condición es sencilla, debemos escuchar y practicar los consejos de Dios y no debemos desviarnos del foco siguiendo a otros dioses. Si el enemigo viene acosándonos con esta idea de que nunca llegaremos a nada, nuestra respuesta es que en Cristo hemos sido constituidos cabeza y no cola.

BULLING ESPIRITUAL

-6-
DIOS NO TE CUIDA

Cuando un bebé nace, los primeros años son cruciales porque necesita sentirse cuidado y seguro. Cuando crecemos y nos exponemos a los peligros, cuando escuchamos o vemos a personas ser víctimas de situaciones de inseguridad, comenzamos a experimentar en nuestro interior la sensación de estar indefensos. Es por eso que Dios, una y otra vez nos asegura su cuidado.

Salmos 91:1-16 *"El que habita al abrigo del Altísimo morará a la sombra del Omnipotente. ² Diré yo al SEÑOR: Refugio mío y fortaleza mía, mi Dios, en quien confío.³ Porque Él te libra del lazo del cazador y de la pestilencia mortal. ⁴ Con sus plumas te cubre, y bajo sus alas hallas refugio; escudo y baluarte es su fidelidad. ⁵ No temerás el terror de la noche, ni la flecha que vuela de día, ⁶ ni la pestilencia que anda en tinieblas, ni la destrucción que hace estragos en medio del día. ⁷ Aunque*

BULLING ESPIRITUAL

caigan mil a tu lado y diez mil a tu diestra, a ti no se acercará. ⁸ Con tus ojos mirarás y verás la paga de los impíos. ⁹ Porque has puesto al SEÑOR, que es mi refugio, al Altísimo, por tu habitación. ¹⁰ No te sucederá ningún mal, ni plaga se acercará a tu morada. ¹¹ Pues El dará órdenes a sus ángeles acerca de ti, para que te guarden en todos tus caminos. ¹² En sus manos te llevarán, para que tu pie no tropiece en piedra. ¹³ Sobre el león y la cobra pisarás; hollarás al cachorro de león y a la serpiente. ¹⁴ Porque en mí ha puesto su amor, yo entonces lo libraré; lo exaltaré, porque ha conocido mi nombre ¹⁵ Me invocará, y le responderé; yo estaré con él en la angustia; lo rescataré y lo honraré; ¹⁶ lo saciaré de larga vida, y le haré ver mi salvación".

Cuando leemos los evangelios, específicamente la tentación de Jesús en el desierto, observamos que el enemigo uso porciones de este mismo Salmo 91 para tentar a Jesús, cuando le dijo:

Lucas 4:9-12 *"Entonces el diablo le llevó a Jerusalén y le puso sobre el pináculo del templo, y le dijo: Si eres Hijo de Dios, lánzate abajo desde aquí, ¹⁰ pues escrito está: "A SUS ANGELES TE ENCOMENDARA PARA QUE TE GUARDEN", ¹¹ y: "EN LAS MANOS TE LLEVARAN, NO SEA QUE TU PIE TROPIECE EN PIEDRA." ¹² Respondiendo Jesús, le dijo: Se ha dicho: "NO TENTARAS AL SEÑOR TU DIOS."*

Jesús no se dejaría impresionar por un texto bíblico citado fuera de contexto, de modo que corta por lo sano respaldando su postura con otro texto bíblico. El punto de confrontación es que el enemigo quería hacerle ver a Jesús

BULLING ESPIRITUAL

que Su Padre no cuidaba de él, pero Jesús no permitió que ese argumento del enemigo encontrara un milímetro de espacio en su mente y corazón.

Si queremos vencer este acoso del enemigo, necesitamos plantarnos sobre la verdad de la promesa de Dios que sí dice que cuida de nosotros y no darle cabida a ningún pensamiento de desprotección. Dios en esencia es bueno.

BULLING ESPIRITUAL

-7-
DIOS NO TE ALIMENTA

Muchas veces tenemos la idea de que Dios solo está preocupado por nuestra vida espiritual. Es más, a menudo nos encontramos con personas que han compartibilizado al ser humano de tal manera que han creído que Jesús sólo vino a salvar el alma de las personas.

Pero lejos de ser verdad este pensamiento. Encontramos en la Biblia suficientes registros para creer que Dios está preocupado por el ser humano de manera integral u holística. El quiere salvarnos como seres humanos completos.

Cuando Jesús comienza su ministerio terrenal, una de las primeras lecciones que les da a sus seguidores en el conocido Sermón del Monte, es acerca de a preocupación de Dios por todo el ser humano. Cuando leemos Mateo 6:9-13, descubrimos que en la oración modelo que Jesús enseñó a

BULLING ESPIRITUAL

su discípulos, podemos observar cual era la preocupación de Jesús en su totalidad.

Dice así Mateo: *"Padre nuestro que estás en el cielo, santificado sea tu nombre, venga tu reino, hágase tu voluntad en la tierra como en el cielo.*
Danos hoy nuestro pan cotidiano. Perdónanos nuestras deudas, como también nosotros hemos perdonado a nuestros deudores. Y no nos dejes caer en tentación,
sino líbranos del maligno".

Vemos aquí que Jesús no solo se preocupaba por la parte física (el pan), sino también por la parte emocional (el perdón) y espiritual (la liberación) de las personas.

En Lucas 4:3-4 encontramos registros de la tentación de Jesús en el desierto. Allí el enemigo quiere socavar su identidad, al decirle a Jesús: *"Si eres el Hijo de Dios, dile a esta piedra que se convierta en pan".*

Pero Jesús no permitiría que una necesidad circunstancial, como el hambre por no haber comido nada durante 40 días, cuestionara una realidad tan profunda como su identidad de Hijo de Dios. Por eso Jesús puede responder: *"Escrito está: No sólo de pan vive el hombre".*

Para Jesús el ser humano no sólo es algo físico, sino tripartito. Y bajo esa verdad, si Dios cuida de las flores y de las aves, también cuidará de nosotros porque a sus ojos somos más importantes que el resto de la creación.

-8-
SOS DÉBIL

En una sociedad donde la fuerza se ha sobrevalorado, donde el que pisa sobe otros para llegar más lejos es mejor visto, donde ciertos valores de integridad se han perdido por causa de beneficios personales, donde el que más tiene parece que es el que más vale; muchas veces los cristianos pasamos como personas débiles. Pero lo que el mundo no sabe es que cuando somos débiles, en realidad es cuando Jesús nos hace fuertes.

Pablo en 2 Corintios 12:10 nos recuerda lo siguiente: *"Por eso me regocijo en debilidades, insultos, privaciones, persecuciones y dificultades que sufro por Cristo; porque cuando soy débil, entonces soy fuerte"*.

Cuando nosotros basamos nuestras fuerzas en nosotros mismos, entonces siempre tendremos fuerzas limitadas y

BULLING ESPIRITUAL

las circunstancias podrán derrotarnos; sin embargo cuando dependemos de Dios, sin importar las circunstancias que nos rodean, entonces siempre tendremos fuerzas ilimitadas y podremos sobreponernos por encima de las dificultades.

Jesús, antes de ascender a la derecha del Padre, se aseguró en dejarle una promesa a sus discípulos, que también es para nosotros, al decirles en Hechos 1:8 *"Pero cuando venga el Espíritu Santo sobre ustedes, recibirán poder y serán mis testigos tanto en Jerusalén como en toda Judea y Samaria, y hasta los confines de la tierra"*.

Como podemos ver, dentro de nosotros hay una dinamita espiritual, un poder, una persona que se llama Espíritu Santo y que nos hace fuertes e invencibles. De modo que cuando el enemigo quiere hacernos creer que somos débiles, necesitamos recordarle y recordarnos que dentro de nosotros habita el Dios trino que nos ha dado el suficiente poder para llevar su Palabra hasta los confines de la tierra y para hacer que el enemigo huya de tal manera que ni las mismas puertas del infierno podrán prevalecer en contra nuestra.

BULLING ESPIRITUAL

-9-
ESTÁS ENDEUDADO

En una sociedad donde muchos de los recursos económicos están en las manos de los injustos, es decir de aquellos que no conocen ni quieren conocer a Dios, muchas veces los cristianos sufren de desigualdades económicas. Esa desigualdad hace que al compararse y ver la vida solo con los ojos temporales muy a menudo les debilita la fe.

Eso mismo lo vivía el salmista, cuando escribió: *"Yo estuve a punto de caer, y poco me faltó para que resbalara. Sentí envidia de los arrogantes, al ver la prosperidad de esos malvados"* (Salmo 73:2-3).

Luego el salmista avanza con su evaluación viendo como los injustos prosperaban y como esto sacudía sus propias convicciones, hasta que en un momento el se detiene y expresa: *"Cuando traté de comprender todo esto, me resultó una carga insoportable, hasta que entré en el santuario*

BULLING ESPIRITUAL

de Dios; allí comprendí cuál será el destino de los malvados" (Salmo 73:16-17).

Puedo pasar por tiempos en donde los recursos económicos no sean los suficientes, pero nunca debo olvidar la promesa que Dios le expresó a su pueblo en sus orígenes, y que es para mi hoy también, al decirles en Deuteronomio 28:12 "El Señor abrirá los cielos, su generoso tesoro, para derramar a su debido tiempo la lluvia sobre la tierra, y para bendecir todo el trabajo de tus manos. Tú les prestarás a muchas naciones, pero no tomarás prestado de nadie".

Cuando pensamos en prosperidad no podemos hacerlo como algo mágico, sino como algo generacional y progresivo. Cuando queremos todo ya, corremos el riesgo de caer en los lazos del enemigo. Yo no creo en el evangelio de la prosperidad, pero si creo que el evangelio nos prospera.

Cunado podemos ver la económica y la prosperidad generacionalmente, entonces la declaración del salmista se hace realidad, cuando expresó: *"He sido joven y ahora soy viejo, pero nunca he visto justos en la miseria, ni que sus hijos mendiguen pan"* (Salmo 37:25).

El enemigo puede acosarnos con que no tenemos todos los recursos, que estamos endeudados; pero lo que él no sabe es que no siempre será así. El no sabe que vendrán días en donde nuestra historia cambiará y en un abrir y cerrar de ojos Dios cambiará nuestra suerte, no por lo bueno o fieles que somos, sino por lo bueno y fiel que es Dios, porque él está más interesado en nuestro bienestar que nosotros mismos.

BULLING ESPIRITUAL

-10-
SOS TEMEROSO Y COBARDE

El mundo parece ser un jungla en donde sólo los que pisan la cabeza de los demás para avanzar tienen lugar. Jesús solía decir en Mateo 10:16 que debemos ser *"astutos como serpientes, aunque también sencillos como palomas"*. Suelo decir que debemos ser mansos y no "mensos" (una expresión o sinónimo de tontos).

Muchas veces el enemigo quiere hacernos ver como temerosos y cobardes. Sin embargo necesitamos alinearnos con la descripción que Dios hace de nosotros. En un momento de la historia de Israel los madianitas de manera sistemática y por varios años subyugaban a Israel. Entraban en sus campos en tiempos de la cosecha, se llevaban los granos, mataban a los animales, arruinaban las tierras y atemorizaban a los pobladores.

BULLING ESPIRITUAL

Esa situación se repitió por años. Los israelitas no veían esperanzas y comenzaron a clamar a Dios. Y ese clamor pronto fue oído por el creador del universo y decidió actuar. Entonces mandó a un ángel para que comisionara a un joven para que emprendiera el liderazgo de la liberación.

Cuando el ángel del Señor comenzó a recorrer la tierra se encontró con el joven Gedeón que estaba trillando el trigo a escondidas para asegurar algo de alimento para su familia. Y allí se presentó el ángel y le dijo: *"¡El Señor está contigo, guerrero valiente!"* (Jueces 6:12)

La visión que tenía Gedeón de si mismo, influenciado por las circunstancias políticas, sociales y de su propia familia es que no valía, que no era nadie. Sin embargo Dios lo veía como un valiente guerrero. En algún momento debemos alinearnos con la visión que Dios tiene de nosotros y rechazar la que nosotros mismos tenemos de nosotros.

Escribiendo a su joven discípulo Timoteo, el apóstol Pablo le dice: *"Pues Dios no nos ha dado un espíritu de cobardía, sino de poder, de amor y de dominio propio"* (2 Timoteo 1:7). A nivel natural y humano somos cobardes y temerosos, pero al habitar el Dios trino dentro nuestro él nos hace valientes y poderosos al extremos de que nadie puede enfrentarnos, porque al hacerlo lo hacen a Dios que está dentro nuestro.

El gigante Goliat se equivoco de auditorio cuando le provocó al joven David. Estaba acostumbrado a desafiar a todos los demás soldados del rey Saúl. Pero esa mañana su historia cambió. Lo primero que le dijo David es que el no

BULLING ESPIRITUAL

estaba desafiando a Israel, sino al Dios de Israel que estaba con ellos y que por hacer eso sería derrotado. La historia nos cuenta que ese joven muchacho, cuidador de ovejas, esa mañana derrotó al gigante con 5 piedras y una gomera.

Si el enemigo viene a susurrarte que eres débil o temeroso, dile que tiene razón, pero que por la causa de que Jesús habita en ti ahora sos valiente y poderoso y que por esa razón él será derrotado.

BULLING ESPIRITUAL

-11-
DIOS NO TE ESCUCHA

Creo que todos hemos tenido experiencias en donde intentamos hablar con Dios y hemos sentido como que nuestras oraciones golpeaban el cielo como si fuera un bóveda de cemento.

Recuerdo hace algunos años en donde vivía en una pensión que tenía una cama doble en la habitación y yo dormía en la de abajo. Pasé por una de mis crisis espirituales en donde sentí que mis oraciones no llegaban ni siquiera a rebotar en la bóveda de cemento del cielo, sino que no lograba traspasar la cama de arriba.

Con el tiempo uno va entendiendo que Dios escucha todas las oraciones y responde a todas ellas. Algunas no las hace en nuestro tiempo, otras no responde como queremos, otra nos da lo que necesitamos y otras no nos da lo que pedimos porque sabe que tiene otra cosa mejor que no nosotros.

El problema radica en que casi siempre creemos que Dios escucha nuestra oración cuando responde en tiempo y en forma como nosotros queremos. Esto conlleva a una falsa interpretación de la oración. Nosotros no oramos para cambiar al voluntad de Dios, sino para ajustar la nuestra a la de él.

En la Biblia encontramos muchas promesas en donde Dios nos asegura que escucha nuestro clamor. Simplemente para mencionar algunas de ellas:

2 Crónicas 7:14 *"Si mi pueblo, que lleva mi nombre, se humilla y ora, y me busca y abandona su mala conducta, yo lo escucharé desde el cielo, perdonaré su pecado y restauraré su tierra."*

Jeremías 33:3 *"Clama a mí y te responderé, y te daré a conocer cosas grandes y ocultas que tú no sabes."*

Mateo 7:7 *"Pidan, y se les dará; busquen, y encontrarán; llamen, y se les abrirá."*

Estas y muchas otras promesas más nos aseguran que Dios escucha nuestra oración. Si lo buscamos de buen corazón, arrepentidos de nuestros pecados y perseverantes, él nos asegura que nos abrirá la puerta y que nos mostrará cosas que para nosotros hasta ahora han estado ocultas.

De modo que si el enemigo quiere hacernos creer de que

BULLING ESPIRITUAL

Dios no nos escucha, primero no dejemos condicionar por nuestros sentimientos, sino que aferrémonos a Su promesa. En segundo lugar digámosle al enemigo: "no importa lo que pueda sentir, no importa si la respuesta a mi oración no llega como yo lo quiero y no importa si tengo la sensación de que mis oraciones dan contra una bóveda de cemento; de todos modos decido creer y aferrarme a su promesa de que me escucha y que me contesta como él quiere, porque sólo él sabe lo que es mejor para mi."

BULLING ESPIRITUAL

-12-
ESTÁS PERDIDO

Cada uno de nosotros en algún momento fuimos ovejas que estuvimos descarriadas. Cada uno de nosotros en algún momento estuvimos lejos del redil y anduvimos vagando por los caminos del pecado, de una vida sin sentido y apartados de las cosas de Dios.

Pero un día la gracia, el amor y la compasión de Jesús nos alcanzó. El Espíritu Santo nos habló, trajo convencimiento a nuestro corazón de nuestros pecados y nos guió al arrepentimiento de tal manera que pudimos reconocer a Jesús como Señor y Salvador personal, pedirle perdón por nuestros pecados y recibir el regalo de la vida eterna que Jesús nos extendió.

Una vez que entramos a la familia de Dios ya nunca más estamos perdidos. Podemos estar desorientados. Podemos

BULLING ESPIRITUAL

pasar por tiempos en donde nuestra fe esté débil. Podemos vivir experiencias en el desierto; pero una vez que fuimos hallados por Él nunca mas estaremos perdido.

Lucas 15 nos narra la historia del hijo pródigo. Es la historia de un joven que le pide a su padre parte de su herencia. Este le da y el joven decide irse lejos y malgastar esa herencia. A cabo de un buen tiempo ese dinero se terminó, comenzó a sentir hambre y terminó cuidando los cerdos para un hombre acaudalado. Allí, en ese contexto el decide regresar a la casa de su padre, del lugar en donde nunca debería haberse ido.

Por un tiempo este joven estuvo desorientado, pero en la hora más difícil supo cual era el camino de regreso a la casa de su padre.

En Mateo 7:7 Jesús nos dice: *"busquen, y encontrarán,"* es decir trata por todos los medios de retomar la senda antigua, el camino por el cual te desviaste y al encontrarlo, que de seguro será así, regresa.

En la historia del hijo pródigo, el relato nos dice que este joven luego que regresó, el padre lo recibió, le puso un anillo en su mano, sandalias en sus pies, lo vistió con ropa nueva y mató el becerro engordado e hizo fiesta. Pero en esta historia hay un hermano mayor, que al enterarse de la fiesta y de la muerte del cordero engordado, decide no ingresar a la fiesta. Entonces el padre le sale al encuentro y le dice: *"Porque este hijo mío estaba muerto, pero ahora ha vuelto a la vida; se había perdido, pero ya lo hemos encontrado."* (Lucas 15:24).

BULLING ESPIRITUAL

Todos fuimos hallados en algún momento por este Padre Generoso que nos recibió con los brazos abiertos y fue el promotor de una fiesta en los cielos.

El rey David en un momento perdió el rumbo de su vida, ofendió a Dios matando y adulterando. Eso hizo que el perdiera el gozo de la salvación. Tiempo después cuando se da cuenta del error que hizo se arrepintió y como consecuencia de ellos escribió el Salmo 51 donde en un momento el dice: *"Crea en mí, oh Dios, un corazón limpio, y renueva la firmeza de mi espíritu. No me alejes de tu presencia ni me quites tu santo Espíritu. Devuélveme la alegría de tu salvación; que un espíritu obediente me sostenga"* (Vs. 10-12).

Al equivocarnos, al ofender a Dios perdemos ciertos beneficios de nuestra relación, pero no caemos de la categoría de hijos. De modo que si el enemigo viene a nuestras vidas queriéndonos hacer creer que estamos perdidos, debemos recordarles que nuestra vida está escondida en Cristo Jesús y que más allá de los sentimientos momentáneos que podemos tener, nadie podrá cambiar la realidad de que un día fuimos hallados por él y que por ende podemos estar seguros de su amor.

BULLING ESPIRITUAL

-13-
ESTÁS CONDENADO

En la Argentina tenemos un asesino serial que antes de los 20 años ya había matado a 11 personas y participado de otros delitos de robo, violación, fraude, etc. Fue conocido como "el ángel de la muerte". Finalmente fue arrestado en 1972 y hoy es un hombre pasado los 60 años que todavía sigue preso. Es la persona que mayor cantidad de años pasó detrás de las rejas. La sentencia que los jueces le dictaminaron es la de condena en tiempo indeterminado.

La Biblia nos dice que todos nosotros nacemos con la sentencia de muerte y condena sobre nuestras cabezas por causa de nuestros pecados cometidos y por causa de nacer con una naturaleza caída. Todos nosotros sin Cristo estamos condenados a una muerte eterna.

Una vez que llegamos a los pies de Jesús y nuestros pecados han sido lavados en su sangre, Dios cambia nuestra sentencia de muerte por el de vida, el de condena por el de libertad. Y si el enemigo quiere asediarnos con pensamientos de culpabilidad y condena, el apóstol Juan nos dice que tenemos a Jesucristo como nuestro intercesor, como nuestro abogado que nos defiende ante el Padre.

Muchas veces creemos que Dios es el que nos condena o que es Dios quien envía a las personas al castigo eterno. Lejos de ser verdad este pensamiento; ya que las Escrituras son claras al declarar que Jesús vino a salvar al mundo y no a condenarlo

Juan, en su evangelio, dice lo siguiente al respecto: *"Dios no envió a su Hijo al mundo para condenar al mundo, sino para salvarlo por medio de él. El que cree en él no es condenado, pero el que no cree ya está condenado por no haber creído en el nombre del Hijo unigénito de Dios. Ésta es la causa de la condenación: que la luz vino al mundo, pero la humanidad prefirió las tinieblas a la luz, porque sus hechos eran perversos"* (3:17-19).

Este texto es claro en decir que Jesús no vino a condenar al mundo y en afirmar que el mundo ya está condenado por no creer en él. En otras palabras el que condena a la humanidad y el que envía al castigo eterno a la humanidad es el mismo ser humano. En definitiva, el ser humano no es condenado al castigo eterno por pecar, por robar, adulterar o matar. La Biblia nos dice que el ser humano es condenado por no haber creído en Jesús, quien vino al mundo como el rescate por el pecado nuestro.

BULLING ESPIRITUAL

De modo que si estás en Cristo, si tus deudas han sido saldadas, si reconociste a Jesús como tu Señor y Salvador, entonces eres libre. Si esto hombre que continua aún en la cárcel reconociera su pecado y le pidiera perdón a Jesús, aún cuando la justicia humana lo dejara detrás de las rejas, espiritualmente el podría ser libre de cargo y culpa.

Si el enemigo viene a tu vida acusándote que estás condenado, recordándote los pecados cometidos; debes pararte y decirle: "Te recuerdo yo a vos satanás que vos si estás condenado y que no tenes vuelta atrás. En cambio yo fui justificado por causa de la muerte vicaria de Jesús en la cruz. El saldó la deuda que yo tenía con Dios. Por lo tanto soy libe de cargo y culpa, todos mis pecados fueron a parar en la cruz de Jesús. Por su sangre tengo vida y soy libre para disfrutar de esta vida y del mas allá."

BULLING ESPIRITUAL

-14-
SOS PECADOR

Nuestras palabras tienen peso, con ellas podemos derribar o edificar; con ellas podemos dejar un impacto positivo o negativo en las personas que nos rodean, especialmente en nuestros hijos.

Cuando llegamos al evangelio y conoceos a Jesús Dios cambia no solo nuestro destino de muerte a vida, de condenación a salvación, sino que también cambia nuestro status, de ser enemigos pasamos a ser amigos, de estar muertos pasamos a tener vida y de ser pecadores pasamos a ser santos.

Al vivir en una sociedad donde al religión oficial solamente canoniza a unos pocos santos, la mayoría se siente como ciudadano del Reino pero de segunda categoría. Sin embargo es bueno recordarnos que no importa tanto lo que

BULLING ESPIRITUAL

yo o el enemigo o las otras personas piensan, sino que es importante lo que Dios piensa. Simplemente a modo de ejemplo quiero compartirte algunas verdades, como ser:

Levítico 19:2 *"Habla a toda la congregación de los hijos de Israel, y diles: Santos seréis, porque santo soy yo Jehová vuestro Dios."*

Deuteronomio 28:9-10 *"El Señor te establecerá como su pueblo santo, conforme a su juramento, si cumples sus mandamientos y andas en sus caminos. Todas las naciones de la tierra te respetarán al reconocerte como el pueblo del Señor."*

1 Corintios 1:2 *"a la iglesia de Dios que está en Corinto, a los santificados en Cristo Jesús, llamados a ser santos con todos los que en cualquier lugar invocan el nombre de nuestro Señor Jesucristo, Señor de ellos y nuestro."*

Efesios 1:4 *"según nos escogió en él antes de la fundación del mundo, para que fuésemos santos y sin mancha delante de él."*

1 Pedro 2:9 *"Pero ustedes son linaje escogido, real sacerdocio, nación santa, pueblo que pertenece a Dios, para que proclamen las obras maravillosas de aquel que los llamó de las tinieblas a su luz admirable."*

Si buscáramos todos los versículos bíblicos donde Dios declara que somos santos nos encontraríamos con más de un centenar de ellos, tanto en el Antiguo Testamento como en el Nuevo Testamento.

BULLING ESPIRITUAL

Normalmente los cristianos se consideran que son pecadores que están en un proceso de santificación. Sin embargo Dios nos considera santos que todavía cometemos errores. Lamentablemente al hacerlo así, como nuestras palabras tienen peso de vid o de muerte, nunca podemos superarnos y avanzar al siguiente nivel. Siempre nos quedamos con la idea de que somos pecadores; pero a la luz de la Palabra debemos alinearnos con Dios y declarar lo que él declara acerca de nosotros; y él nos considera sus santos.

De modo que si el enemigo viene a nosotros susurrándonos que somos pecadores, debemos recordarle y recordarnos que en Cristo Jesús Dios nos ha hecho santos y que no necesitamos que alguna organización humana nos beatifique y luego nos declare santos. Dios nos considera santos y por ende eso es lo que vale. Y esa declaración no la hace al terminar nuestro peregrinaje en esta vida, sino que lo hace cuando nosotros comenzamos el camino de la fe.

BULLING ESPIRITUAL

-15-
SOS UNA VÍCTIMA

Podemos enfrentar la vida y las circunstancias que nos tocan vivir como víctimas de ellas o como protagonistas del cambio. Si lo hacemos como víctimas nunca podremos superarnos y avanzar a un nuevo nivel, porque siempre estaremos culpando a otros de las circunstancias que nos tocan vivir y nunca asumiremos la responsabilidad para el cambio.

La psicología moderna ha sido de gran ayuda en muchos aspectos, pero también ha sido dañino en el sentido de que ha escarbado en el pasado de los pacientes e identificado las razones por las cuales las personas se hallan en las condiciones actuales, pero se han quedado con el justificativo de por qué tienen la conducta presente. Entiendo que una vez que comprendo mi diagnóstico y se que soy lo que soy por ciertas razones del pasado, a partir de ese momento soy el responsable absoluto de cambiar mi futuro.

BULLING ESPIRITUAL

A Dios no le importa cuál ha sido nuestro pasado, ya que el tiene el poder de perdonar y restaurar y hacer de nosotros una nueva creación. Dios tiene el poder de encontrar en un molusco con caparazón la perla más preciosa que el ser humano haya visto, donde su calidad y valor se determina por la forma en que refleja la luz, su tono nacarado, su suavidad y su simetría. Del mismo modo puede hacerlo con nosotros, sus hijos.

El apóstol Pablo, escribiendo a la iglesia de Roma les dice: *¿Qué diremos frente a esto? Si Dios está de nuestra parte, ¿quién puede estar en contra nuestra?* [32] *El que no escatimó ni a su propio Hijo, sino que lo entregó por todos nosotros, ¿cómo no habrá de darnos generosamente, junto con él, todas las cosas?* [33] *¿Quién acusará a los que Dios ha escogido? Dios es el que justifica.* [34] *¿Quién condenará? Cristo Jesús es el que murió, e incluso resucitó, y está a la derecha de Dios e intercede por nosotros.* [35] *¿Quién nos apartará del amor de Cristo? ¿La tribulación, o la angustia, la persecución, el hambre, la indigencia, el peligro, o la violencia?* [36] *Así está escrito: «Por tu causa siempre nos llevan a la muerte; ¡nos tratan como a ovejas para el matadero!»* [37] *Sin embargo, en todo esto somos más que vencedores por medio de aquel que nos amó.* [38] *Pues estoy convencido de que ni la muerte ni la vida, ni los ángeles ni los demonios, ni lo presente ni lo por venir, ni los poderes,* [39] *ni lo alto ni lo profundo, ni cosa alguna en toda la creación, podrá apartarnos del amor que Dios nos ha manifestado en Cristo Jesús nuestro Señor* (Romanos 8:31-39).

Quiero rescatar de este párrafo el versículo 37 donde Pablo nos asegura diciendo: "Sin embargo, en todo esto somos

BULLING ESPIRITUAL

más que vencedores por medio de aquel que nos amó." No importan las circunstancias o las adversidades que podemos enfrentar si en lugar de hacerlas como víctimas lo hacemos con un corazón y una mente proactiva, entonces somos más que victoriosos.

Si el enemigo quiere hacernos creer o convencer de que somos víctimas de las circunstancias y que nada podemos hacer, digámosle que está equivocado, que asumiremos el reto de nuestra responsabilidad y que tomaremos el buey por sus astas, es decir enfrentaremos los problemas con una actitud diferente y haremos todo lo posible para que los cambios sucedan, porque estamos convencidos que todo lo podemos en Cristo Jesús que nos fortalece.

BULLING ESPIRITUAL

-16-
SOS ESCLAVO

El enemigo se ha especializado es crear sistemas, estructuras y pecados para esclavizar a las personas. Muchas veces las personas no se dan cuenta que mediante la práctica de algún pecado paulatinamente se van esclavizando y cuando quieren salir ya o pueden.

Miles de personas adictas al cigarrillo, al alcohol, la pornografía o la droga cuando son confrontadas con este pecado responden que en realidad cuando quieren lo dejan para llegar a la conclusión luego de un tiempo que en realidad no lo pueden dejar y que necesitan ayuda.

Pero gracias a Dios que, una vez que llegamos a Jesús, le pedimos perdón por nuestros pecados y las cadenas de la esclavitud son rotas, experimentamos la libertad que tanto anhelábamos. Comenzamos a vivir en carne propia la de-

BULLING ESPIRITUAL

claración de Jesús cuando les decía a sus oyentes: *"Conocerán la verdad y la verdad los hará libres"* (Juan 8:32).

Por eso, años más tarde a la muerte y resurrección de Jesús, el apóstol Pablo nos habla sobre la realidad de que somos libres en Cristo. En Gálatas 4:7 nos recuerda: *"Así que ya no eres esclavo sino hijo; y como eres hijo, Dios te ha hecho también heredero."*

La triste realidad es que muchas veces, a pesar de ser cristianos y de caminar en luz volvemos a viejos pecados o el enemigo nos susurra en nuestros oídos de que nunca seremos realmente libres, que siempre el pecado tendrá algún poder sobre nosotros.

Es bueno recordarnos entonces que Jesús nos hizo libres, que rompió las cadenas que nos ataban, que nos dio una nueva vida y que todas las cosas comenzaron a ser hechas nuevas. No solamente tenemos que creer en esa verdad sino también vivirla.

Desde el mismo comienzo del ministerio de Jesús cuando entró en la sinagoga de Nazaret y tomo el rollo del profeta Isaías, Jesús nos recuerda: *"El Espíritu del Señor está sobre mí, por cuanto me ha ungido para anunciar buenas nuevas a los pobres. Me ha enviado a proclamar libertad a los cautivos y dar vista a los ciegos, a poner en libertad a los oprimidos, a pregonar el año del favor del Señor."*

Parte del ministerio de Jesús es proclamar libertad a los cautivos. De modo que si el enemigo quiere susurrarnos

BULLING ESPIRITUAL

la idea de que todavía somos esclavos, necesitamos recordarle y recordarnos que Jesús nos ha dado una completa libertad para que ya no tengamos que vivir esclavizados a ningún pecado, vicio o mandato.

BULLING ESPIRITUAL

-17-
ESTÁS SUCIO

Con mi esposa llevamos mas de 25 años en la tarea pastoral y mucha de esa tarea, además de predicar y enseñar, tuvo que ver con la consejería y gran parte de esa consejería ha estado centralizada en personas cristianas y no hemos salido del asombro de cuantos cristianos de años siguen cargando culpas de errores pasados. El enemigo ha armado una estrategia para que por un lado podamos aceptar el perdón de Jesús, pero al mismo tiempo que no nos sintamos limpios.

Ante esta realidad que sufren muchos cristianos es oportuno recordarnos algunas promesas de la Palabra, que nos pueden servir de aliento y en especial de soporte para poder no solo creer en la doctrina del perdón, sino también vivirla.

1 Juan 1:7 *"Pero si vivimos en la luz, así como él está en la*

BULLING ESPIRITUAL

luz, tenemos comunión unos con otros, y la sangre de su Hijo Jesucristo nos limpia de todo pecado."

Juan 13:10 *"El que ya se ha bañado no necesita lavarse más que los pies —le contestó Jesús—; pues ya todo su cuerpo está limpio. Y ustedes ya están limpios, aunque no todos."*

Juan 15:3 *"Ustedes ya están limpios por la palabra que les he comunicado."*

Salmo 119:105 *"Tu palabra es una lámpara a mis pies; es una luz en mi sendero."*

Salmo 119:9 *"¿Cómo puede el joven llevar una vida íntegra? Viviendo conforme a tu palabra."*

Cada una de estas promesas nos recuerdan que si un día reconocimos a Jesús como Señor y Salvador de nuestras vidas, si alguna vez nos apropiamos del perdón que él nos otorgó gratuitamente, entonces también estamos limpios. De modo que ante los sentimientos o pensamientos de impureza debemos recordarnos o decirle al enemigo que estamos limpios en Cristo.

Esta limpieza no es una hermosa teoría, sino una profunda realidad. La Palabra nos enseña que cuando Dios perdona nuestro pecado el los toma y los sumerge en la profundidad del mar y nunca más se vuelve acordar de ellos. Tenemos una no sana costumbre que una y otra vez regresamos a ese lugar y volvemos a pescar lo que Dios ya ha sumergido.

BULLING ESPIRITUAL

-18-
ESTÁS INCOMPLETO

Creo que todos caminamos por la vida con esa sensación de que nos faltan cinco para el peso. Cuando Dios crea a Adán y a Eva y los coloca en el Edén; ellos tenían la responsabilidad de trabajar, cuidar, gobernar el lugar y el privilegio de hablar cara a cara con Dios todos los días. No había nada que se interpusiese entre ellos.

La relación matrimonial era excelente, no habían peleas, no habían enfermedades, no habían inconvenientes económicos. Adán organizaba la tarea diaria y Eva lo acompañaba; era la ayuda idónea que Dios les había dado. La tierra les producía al cien por cien ya que no habían malezas, ni cargos, ni insectos que la dañaran.

En resumidas palabras vivían literalmente en el "paraíso." Entonces surge una pregunta, ¿qué pasó o que había en

BULLING ESPIRITUAL

el corazón de ellos para salir a probar un fruto que se les había prohibido con la promesa de parte de la serpiente de que si comían sus ojos les serían abiertos y serían igual a Dios conociendo el bien y el mal?

Con más razón hoy día nosotros los humanos vivimos con ese sentimiento de estar incompletos. Dios, como creador y diseñador nuestro sabe que pasamos por esos sentimientos y que el enemigo sigue atacándonos por ese lado, tal como lo hizo con Adán y Eva siglos atrás. Por eso el nos recuerda en su Palabra que en Cristo estamos completos, al decir en:

Colosenses 2:10 *"y en él, que es la cabeza de todo poder y autoridad, ustedes han recibido esa plenitud."*

La versión Reina-Valera traduce este versículo diciendo: y *"vosotros estáis completos en él, que es la cabeza de todo principado y potestad."*

Me fascina la expresión: *"Ustedes están completos en él."* Si Dios nos recuerda que en Cristo estamos completos es porque él sabe de esos sentimientos de los cuales somos víctimas. ¿Cómo podemos ser completados?

Cuando nosotros reconocemos nuestros pecados y reconocemos a Cristo como nuestro Señor y Salvador, el trino Dios viene morar dentro de nosotros. La nueva naturaleza toma lugar y poco a poco comienza a desplazar a la vieja con sus pecados, debilidades y limitaciones.

Al tener a Jesús tenemos todo. Cuando ingresamos al pro-

BULLING ESPIRITUAL

grama de restauración de Dios, el nuevamente quiere que nosotros encontremos en él todo lo que necesitamos para vivir de manera plena, sencilla y satisfecha en esta vida. Es por eso que Jesús establece en una de sus primeras lecciones a sus discípulos diciendo: *"Busquen primero el Reino de Dios y su justicia, y todo lo demás les será añadido."*

Es una decisión personal que debemos tomar entre perseguir nosotros las añadiduras o buscar a Dios y su Reino y permitir que las añadiduras nos persigan a nosotros.

De modo que si el enemigo quiere hacernos tambalear en nuestra fe diciendo que estamos incompletos, necesitamos pararnos sobre la promesa de Dios y decirle al enemigo que no nos va a volver a engañar como lo hizo hace muchos siglos con Adán y Eva y que luego lo siguió haciendo con los cristianos de todos los tiempos. Es bueno que le recordemos y que nos recordemos que en Cristo estamos completos.

BULLING ESPIRITUAL

-19-
SOS IGNORANTE

En algunas comunidades donde el catolicismo ha tenido preponderancia, el enemigo le ha hecho creer a la sociedad que ser evangélico es sinónimo de ser ignorante. Y lo peor de todo es que muchos se lo han creído.

Tiempo atrás entró en una de las actividades de nuestra congregación una señorita de unos 25 años, universitaria, buscando genuinamente a Dios. Una de las primeras preguntas que le hizo a la pastora de jóvenes es si nosotros permitíamos a nuestros jóvenes estudiar, porque ella había escuchado que las chicas evangélicos no pueden ser más que amas de casa o estar involucradas en trabajos de limpieza. Demás está decir que la pastora desmintió esa información.

Cuando estudiamos al pueblo escogido de Dios, a la na-

BULLING ESPIRITUAL

ción de Israel, descubriremos que los mejores científicos, médicos, estrategas, etc. Tienen raíces de esa nación. ¿Por qué? Porque Dios a su pueblo le ha dotado de una mayor inteligencia, para que nunca sean cola sino cabeza, para que nunca pidan prestado, sino presten a otros.

Cuando nosotros reconocemos a Jesús como nuestro Señor y Salvador, además de perdonarnos y cambiar nuestro destino eterno, Dios comienza a restaurar nuestras capacidades porque recibimos una nueva naturaleza que también contiene a mente de Cristo. De modo que con humildad podemos decir "Soy sabio porque tengo la mente de Cristo." Veamos algunas promesas en la Biblia:

1 Corintios 2:16 *"¿Quién conoció la mente del Señor? ¿Quién lo instruirá? Pues bien, nosotros tenemos la mente de Cristo."*

1 Corintios 12:8 *"A unos Dios les da por el Espíritu palabra de sabiduría; a otros, por el mismo Espíritu, palabra de conocimiento."*

Efesios 1:8 *"que Dios nos dio en abundancia con toda sabiduría y entendimiento."*

Vemos a través de estas promesas que hemos recibido la mente de Cristo y que por lo tanto somos instruidos por él. Además dice la Biblia que recibimos en abundancia sabiduría y conocimiento por medio del Espíritu Santo.

El problema mayor que tenemos los cristianos es la ignorancia de nuestros derechos, responsabilidades y privi-

BULLING ESPIRITUAL

legios. Millones de cristianos pasan horas todos los días conectados al Internet o a las redes sociales, pero invierte poco o nada de tiempo para conocer la Palabra de Dios, la Biblia.

Esta espada de doble filo que salía de la boca de Jesús, en la visión apocalíptica de Juan, es esa Palabra hablada y escrita por parte de Dios que nos guía, instruye, fortalece y alienta en medio de las dificultades. Pero ¿cómo esta podrá hacer efectos en nosotros si no nos tomamos tiempo considerable para leer, memorizar, orar, meditar y practicar esa Palabra escrita?.

Pero si nosotros conocemos el pensamiento escrito de Dios, entonces cada vez que el enemigo o nuestra vieja naturaleza quiera hacernos creer que somos ignorantes, podemos pararnos sobre la verdad de que tenemos la mente de Cristo y que por ende conocemos todo lo que es necesario saber para tener una vida victoriosa en esta vida. Por medio del profeta Jeremías Dios le recuerda que: *"el que se gloríe, gloríese de esto: de que me entiende y me conoce, pues yo soy el Señor que hago misericordia, derecho y justicia en la tierra, porque en estas cosas me complazco —declara el Señor"* (Jeremías 9:24).

Si conoces a Dios, entonces conoces la fuente de toda sabiduría, conocimiento e inteligencia. No permitas que el enemigo te engañe.

BULLING ESPIRITUAL

-20-
FUISTE ABANDONADO

Los sentimientos de soledad nos golpean una y otra vez, sin importar nuestra edad. El espíritu de orfandad con el cual llegamos a este mundo, como consecuencia de la desobediencia de Adán y Eva no termina nunca de alejarse de nosotros.

El profeta Elías había tenido uno de los días mas gloriosos de su ministerio. Había enfrentado a los 450 profetas de Baal en el monte Carmelo. Dios había hecho descender fuego del cielo que consumió las piedras, el agua, la madera y el novillo. No había quedado nada, ni las cenizas. Previo a esto los profetas de Baal habían invocado a sus dioses y nada había pasado. Como consecuencia de esa victoria espiritual, Elías detuvo a todos los falsos profetas de Baal y los decapitó allí en el monte. Cuando Jezabel, esposa del rey Acab, se enteró de ello, decidió dar muerte

BULLING ESPIRITUAL

también a Elías. Este, al sentirse descubierto y con temor huyó tres días de camino por el desierto y se sentó debajo de un arbusto espinoso con deseos de morirse porque se sentía solo.

En ese contexto Dios le alimenta por medio de un ángel, le renueva las fueras y le asegura que no estaba solo, sino que habían otros 7.000 israelitas que no habían doblegado sus rodillas ante los baales.

Muchas veces el enemigo viene a nosotros con estos pensamientos que luego afectan nuestros sentimientos. Si nosotros le damos rienda suelta a nuestros pensamientos, pronto seremos presas de los sentimientos más oscuros de abandono y orfandad. En medio de esa batalla mental necesitamos recordarnos que somos adoptados, que somos escogidos por Dios.

Pablo, en Efesios 1:5 nos dice: *"nos predestinó para ser adoptados como hijos suyos por medio de Jesucristo, según el buen propósito de su voluntad."* Alguien escogido es alguien seleccionado de entre otros. Para Dios somos una perla preciosa. Para Dios no somos un número más, sino que somos seres especiales cuyos nombres han sido esculpidos en sus manos.

Una buena promesa que en momentos de dificultad nos hace bien recordar es la que el salmista escribe en el Salmos 27:10 *"Aunque mi padre y mi madre me abandonen, el Señor me recibirá en sus brazos."*

Esta también pueden decir los adultos, que en algún mo-

BULLING ESPIRITUAL

mento de sus vidas dependen más de sus hijos para enfrentar la ultima etapa de sus vidas. Ellos también pueden parafrasear esta promesa y decir: "Aunque mis hijos me abandonen, el Señor me recibirá en sus brazos."

Cuando esos pensamientos llegan a nuestra vida, necesitamos recomponernos y orar para alinearnos con Dios. Es oportuno tomar autoridad y reprender todo pensamiento contrario a la verdad de Dios, desarticular toda estrategia diabólica por parte del enemigo y aferrarnos a las promesas de Dios y de esa manera alinear nuestro corazón al de Dios para poder tener paz y seguridad de su cuidado.

BULLING ESPIRITUAL

-21-
SOS DISCAPACITADO

Todos nosotros experimentamos algún nivel de discapacidad en algún área. No existe ningún ser humano que sea bueno en todas las cosas. Pero en el diseño de Dios El nos ha dado todo lo que necesitamos para vivir, movernos y proyectarnos hacia el futuro.

Pablo, en 1 Corintios 12:4-11 nos da a entender que de alguna manera somos capacitados con todos los dones, al declarar: *"Ahora bien, hay diversos dones, pero un mismo Espíritu. [5] Hay diversas maneras de servir, pero un mismo Señor. [6] Hay diversas funciones, pero es un mismo Dios el que hace todas las cosas en todos. [7] A cada uno se le da una manifestación especial del Espíritu para el bien de los demás. [8] A unos Dios les da por el Espíritu palabra de sabiduría; a otros, por el mismo Espíritu, palabra de conocimiento; [9] a otros, fe por medio del mismo Espíritu; a otros, y por ese mismo Espíritu, dones para sanar enfermos; [10] a otros, poderes milagrosos; a

BULLING ESPIRITUAL

otros, profecía; a otros, el discernir espíritus; a otros, el hablar en diversas lenguas; y a otros, el interpretar lenguas. ¹¹ Todo esto lo hace un mismo y único Espíritu, quien reparte a cada uno según él lo determina."

El enemigo puede intentar convencernos de que no podemos hacer nada y en algún sentido algo de razón tiene. En nuestras propias fuerzas y conocimiento las posibilidades que tenemos son limitadas. Pero, una vez que estamos en Cristo, una vez que recibimos al Espíritu Santo, este nos da potencialmente toda esta lista de dones y otros que aparecen en otras listas, herramientas que nos transforman de ser personas discapacitadas a personas capacitadas con herramientas sobrenaturales que nos permiten avanzar más rápido y en menos tiempo en lo que se nos pueda ocurrir.

Estos pensamientos de discapacidad no sólo llegan a nosotros cuando somos jóvenes o cuando somos viejos. Estos pensamientos llegan a nosotros cada vez que tenemos que enfrentar un nuevo desafío, donde medimos nuestras fueras y capacidades en un plano natural, para llegar a la conclusión de que es muy difícil que podamos hacerlo o tener victoria.

Es allí donde el Espíritu Santo viene para recordarnos que nuestras incapacidades o discapacidades humanas son suplidas por Dios, transformándonos en seres capaces de conquistar aquello para lo cual fuimos creados, no porque tengamos recursos humanos en nosotros mismos, sino porque Dios nos hace capaces con cada uno de los dones que nos ha regalado.

BULLING ESPIRITUAL

Si el enemigo viene a hostigarnos con pensamientos de discapacidad o incapacidad, necesitamos recordarnos y recordarle que en Cristo Jesús tenemos todas las herramientas que necesitamos para llevar a cabo lo que Dios nos ha encomendado, recordándonos que Su gracia es más que suficiente para suplir todo lo que nos haga falta.

BULLING ESPIRITUAL

-22-
NO TENÉS PRESTIGIO

Uno de los engaños más populares de todos los tiempos es que los seres humanos queremos ser famosos. Hay una lucha interior para no pasar desapercibidos. De hecho, muchas veces los niños y adolescentes suelen comportarse mal como un mecanismo de llamar la atención. De alguna manera le gritan a sus padres: *"Hey, aquí estoy, existo."* En el fondo nos aterra la idea de pasar al anonimato.

Esto mismo lo podemos ver aún en los cementerios donde hay una colección de diferentes tumbas y mausoleos que de alguna manera quieren llamar la atención y diferenciarse del resto. Y mientras no lo podamos resolver, seremos presas de un sentimiento considerado pozo sin fondo, porque sin importar lo que hagamos o logremos, nunca nos sentiremos satisfechos.

Hay una historia antigua que hallamos en Génesis 11, la

BULLING ESPIRITUAL

cual nos narra el desarrollo y construcción de la torre de babel. Dice así la historia:

Génesis 11:1-4 *"Toda la tierra hablaba la misma lengua[a] y las mismas palabras. ² Y aconteció que según iban hacia el oriente, hallaron una llanura en la tierra de Sinar, y se establecieron allí. ³ Y se dijeron unos a otros: Vamos, fabriquemos ladrillos y cozámoslos bien. Y usaron ladrillo en lugar de piedra, y asfalto en lugar de mezcla. ⁴ Y dijeron: Vamos, edifiquémonos una ciudad y una torre cuya cúspide llegue hasta los cielos, y hagámonos un nombre famoso, para que no seamos dispersados sobre la faz de toda la tierra."*

Si observamos el versículo 4, notaremos que la motivación detrás de la construcción de esa torre era hacerse de un nombre famoso. Pero lo que temieron les pasó. Ellos no querían ser dispersados, sin embargo con la confusión de las lenguas esa dispersión fue hecho realidad.

En el capítulo 12 del mismo libro de Génesis hallamos otra historia que sería como la antítesis anterior. Es el relato del llamado de Abram y dice así:

Génesis 12:1-3 *"Y el Señor dijo a Abram: Vete de tu tierra, de entre tus parientes y de la casa de tu padre, a la tierra que yo te mostraré. ² Haré de ti una nación grande, y te bendeciré, y engrandeceré tu nombre, y serás bendición. ³ Bendeciré a los que te bendigan, y al que te maldiga, maldeciré. Y en ti serán benditas todas las familias de la tierra."*

Observamos en el versículo 2 que Dios le promete a Abram hacer su nombre famoso. En otras palabras Dios no esta en

BULLING ESPIRITUAL

desacuerdo que nosotros no queramos pasar al anonimato, lo que el cuestiona es el medio por el cual llegamos a ese fin. Tenemos dos opciones o nos hacemos famosos nosotros mismos, o permitimos que Dios sea nuestro director de marketing.

Cuando conocemos a Jesús mediante el nuevo nacimiento, nuestra historia cambia radicalmente. De no ser nada pasamos a estar "sentado con Cristo en los lugares celestiales."

Colosenses 3:1-4 *"Si habéis, pues, resucitado con Cristo, buscad las cosas de arriba, donde está Cristo sentado a la diestra de Dios. ² Poned la mira en las cosas de arriba, no en las de la tierra. ³ Porque habéis muerto, y vuestra vida está escondida con Cristo en Dios. ⁴ Cuando Cristo, nuestra vida, sea manifestado, entonces vosotros también seréis manifestados con El en gloria."*

Efesios 2.6 *"Por tanto, de la manera que recibisteis a Cristo Jesús el Señor, así andad en El."*

Pablo nos dice que una vez que conocimos a Jesús nuestra vida pasó a estar escondida en Dios. Tenemos un nuevo dueño y como tales estamos sentados en Cristo en los lugares celestiales. Y como tales, Pablo nos insta a que vivamos siendo conscientes de nuestra posición en Dios. Ya no somos cualquier cosa, de ser creación pasamos a ser hijos y como tales no solo nuestro destino eterno es cambiado, sino nuestra vida terrenal es transformada.

Cuando el enemigo quiera susurrarnos de que no somos importantes, de que no tenemos prestigio o que no somos

BULLING ESPIRITUAL

famosos, necesitamos recordarnos y recordarle quien es nuestro Padre y cual fue el precio que él pagó para que estemos en esa posición. No necesitamos hacer nada para ser famosos, simplemente debemos creerle a Dios y el nos hará así.

BULLING ESPIRITUAL

-23-
NO TENÉS HERENCIA

Una de las razones por las cuales la Biblia ha resguardado las genealogías es porque para Dios es importante nuestras raíces, nuestra genealogía. Dios trabaja a través de generaciones. Hay maldiciones que pasan hasta la 3 y 4 generación y hay bendiciones que pasan hasta a mil generaciones.

Las grandes ciudades tienen muchas cosas positivas, pero también negativas y una de las cosas negativas es que muchas veces los habitantes pierden sus raíces, especialmente si las familias viven mudándose a diferentes departamentos o casas por causa de los alquileres. Si a eso le sumamos que un porcentaje alto en nuestras ciudades latinoamericanas no son propietarios, esa realidad agudiza el sentimiento de no tener herencia.

Pero, el mayor peligro no es la cuestión económica, sino

BULLING ESPIRITUAL

cuando sentimos que no tenemos una herencia de valores de principios, de realidades espirituales. Por eso Dios, por medio de la Biblia se ha encargado de recordamos que una vez que estamos en Cristo, una vez que nuestra deuda ha sido saldada por medio del perdón, nosotros tenemos una herencia. Simplemente para ilustrar este punto, veamos algunas citas bíblicas:

Romanos 8:17 *"y si hijos, también herederos; herederos de Dios y coherederos con Cristo, si en verdad padecemos con El a fin de que también seamos glorificados con El."*

Gálatas 3:29 *"Y si sois de Cristo, entonces sois descendencia de Abraham, herederos según la promesa."*

Gálatas 4:7 *"Por tanto, ya no eres siervo, sino hijo; y si hijo, también heredero por medio de Dios."*

Efesios 1:11-14 *"En El también hemos obtenido herencia, habiendo sido predestinados según el propósito de aquel que obra todas las cosas conforme al consejo de su voluntad, [12] a fin de que nosotros, que fuimos los primeros en esperar en Cristo, seamos para alabanza de su gloria. [13] En El también vosotros, después de escuchar el mensaje de la verdad, el evangelio de vuestra salvación, y habiendo creído, fuisteis sellados en El con el Espíritu Santo de la promesa, [14] que nos es dado como garantía de nuestra herencia, con miras a la redención de la posesión adquirida de Dios, para alabanza de su gloria."*

Tito 3:7 *"para que justificados por su gracia fuésemos hechos herederos según la esperanza de la vida eterna."*

BULLING ESPIRITUAL

Santiago 2:5 *"Hermanos míos amados, escuchad: ¿No escogió Dios a los pobres de este mundo para ser ricos en fe y herederos del reino que El prometió a los que le aman?"*

El resumen de todos estos pasajes y de muchos otros que no hemos citado es que *"Soy heredero y co-heredero con Cristo."* Dios es el dueño de universo y nosotros al llegar a ser sus hijos nos transformamos en herederos y coherederos con Jesús de todo lo que Dios tiene.

Muchas veces caminamos por a vida como si fuéramos pobres y el enemigo frecuentemente nos quiere hacer sentir eso. Cuando eso ocurre debemos recordarle y recordarnos que sí tenemos una herencia y que en Cristo somos coherederos de todo lo que Dios tiene y el que tiene que estar preocupado es él (el enemigo) ya que su final será estar encadenado sin nada que pueda hacerlo sentir bien.

BULLING ESPIRITUAL

-24-
SOS UN DERROTADO

En tiempos en donde la sociedad celebra a los exitosos, a los que alcanzaron un título, a los que lograros acumular sumas importantes de dinero o a los que han sobreasado las expectativas de muchos, el mensaje directo que recibe el resto de la sociedad es que no hay lugar para segundos.

Pero es bueno recordarnos que aún ese aparente éxito también tiene su cuota negativa. Normalmente nadie recuerda los encabezados del diario de ayer. Es muy difícil que recordemos el que ganó el premio Nobel el año pasado; tampoco recordamos quien fue la miss universo del año anterior; menos aún recordaremos ganadores deportivos que no representen nuestro país o nuestro deporte favorito.

Pero si hiciéramos una encuesta y preguntáramos como se llamaba nuestra maestra de primer grado; o el nombre de nuestro mejor amigo, algún momento especial con nuestra

BULLING ESPIRITUAL

familia, o experiencias de vida que nos marcaron y nos dejaron un legado; la gran mayoría de nosotros lo recordaríamos con facilidad, ¿por qué?. Porque esas personas son los verdaderos héroes nuestros. Ellos no recibieron quizás un aplauso, un premio o una corona, pero sí quedaron de por vida en nuestras memorias.

La fe en Jesús nos cambia nuestra manera de pensar. Cuando de verdad buscamos a Dios y seguimos sus pisadas; el nos muestra lo efímero que es la vida y como dijera el sabio Salomón, nos hace ver cuanta vanidad hay en todo lo que para el mundo parece ser importante.

El apóstol Pablo fue un hombre que pudo experimentar todos los extremos y los intermedios. El pudo experimentar la opulencia económica y la pobreza. El supo disfrutar de un buen nombre o prestigio, como también adaptarse al desprecio de la sociedad. El probó el trago dulce de las relaciones entre amigos y hermanos, como también el trago amargo de la traición, de la soledad y la incomprensión.

Cuando él escribe su carta, desde la presión, a la iglesia de Filipos; casi al final de la misma nos da el secreto para que nosotros podamos experimentar lo mismo y aún así permanecer firmes y agradecidos, el declarar: "*Sé lo que es vivir en la pobreza, y lo que es vivir en la abundancia. He aprendido a vivir en todas y cada una de las circunstancias, tanto a quedar saciado como a pasar hambre, a tener de sobra como a sufrir escasez. Todo lo puedo en Cristo que me fortalece*" (Filipenses 4:12-13).

Su secreto era Jesús. Su secreto era una persona con quien

BULLING ESPIRITUAL

tenía una relación de amistad, de veneración, de respeto y de sacrificio. El estuvo dispuesto a considerar como basura todos sus logros personales, carrera, idiomas, nacionalidad, prestigio, etc con tal de permanecer conectado a esta persona que le daba el verdadero sentido y valor a su vida.

Cuando el enemigo quiera hacerte pensar y creer que sos un derrotado, que no lograste cosas que para la sociedad es importante; recuérdate y recuérdale que el Cristo sos un vencedor y que el verdadero derrotado es el enemigo, ya que Jesús en la cruz del calvario lo desarmó, canceló sus planes en contra nuestra y nos dio un nombre nuevo; poniendo en nuestro ADN espiritual sangre de campeones.

BULLING ESPIRITUAL

-25-
ESTÁS INDEFENSO

Vivimos en una sociedad donde hay seguro para lo que se nos ocurra. El negocio del seguro ha prosperado en los últimos años. La misma sociedad se encarga de crear situaciones de riesgo, miedo, muerte, etc. para luego venderle a los ciudadanos un seguro. Lo último y más llamativo es que una iglesia en Estados Unidos también le vende a sus miembros un seguro para asegurarle la salvación durante un año o los años que contrate el seguro.

El nivel de inseguridad ha crecido en todas las sociedades. En aquellas en donde hay más desajustes económicos la misma se incrementa ya que muchos alegan el robo porque necesitan para comer. Si a eso le agregamos que muchas veces la justicia de nuestros países favorecen más al que roba y mata que a los que tratan de vivir de manera honrada; eso ayuda a incrementar el sentimiento de inseguridad, de estar indefensos y no saber qué hacer.

BULLING ESPIRITUAL

Cuando llegamos a los pies de Jesús, el enemigo no cambia su programa de destrucción. Como dice la Biblia, él vino para matar, robar y destruir. De modo que aún siendo seguidores de Jesús muchas veces el enemigo logra su cometido de hacernos creer de que estamos indefensos y a la merced de cualquiera que quisiera hacernos daños.

A nivel familia podemos testificar que muchísimas veces hemos visto la mano poderosa de Dios guardándonos de peligros, de robos, de secuestros. Una y otra vez le agradecemos porque Él envía legiones de ángeles para guardarnos, cuidarnos y protegernos. Su palabra está lleva de promesas al respecto. Simplemente para recordar algunas..

Salmos 17:8 *"Cuídame como a la niña de tus ojos; escóndeme, bajo la sombra de tus alas."*

Salmos 27:5 *"Porque en el día de la aflicción él me resguardará en su morada; al amparo de su tabernáculo me protegerá, y me pondrá en alto, sobre una roca."*

Salmos 31:19-20 *"Cuán grande es tu bondad, que atesoras para los que te temen, y que a la vista de la gente derramas sobre los que en ti se refugian. Al amparo de tu presencia los proteges de las intrigas humanas; en tu morada los resguardas de las lenguas contenciosas."*

Colosenses 3:2-3 *"Concentren su atención en las cosas de arriba, no en las de la tierra, pues ustedes han muerto y su vida está escondida con Cristo en Dios."*

Si nosotros pagamos mucho dinero en diferentes tipos de

BULLING ESPIRITUAL

seguro para proteger lo que hemos adquirido, cuánto más no la hará Dios. Le hemos costado muy caro para que nos deje a la deriva como barco sin remo ni timón. Tu vida y la mía le costó la sangre de su único Hijo llamado Jesús.

De modo que cuando sientas que estás indefenso, cuando sientas que nadie te cuida, recuerda estas promesas. Aférrate a ellas y desde lo más profundo de tu corazón declara con voz audible: "Soy un/a protegido/a por Dios y por ende en Él estoy seguro/a." Si así lo haces, el enemigo tendrá que cambiar de estrategia para importunarte. Si perseveras en la fe habrás ganado una victoria muy importante.

BULLING ESPIRITUAL

-26-
TU CUERPO NO SIRVE

La sociedad en general hoy día está muy inclinada a todo tipo de actividad física, ya sea por medio de ejercicios, salidas, gastos, comidas saludables, etc.

Muchas veces nos encontramos en situaciones donde por diferentes causas o razones no podemos tomar cuidado de nuestro cuerpo. Entonces el enemigo comienza un trabajo lento pero devastador, haciéndonos creer que nuestro cuerpo no sirve.

Muchas veces la vieja filosofía docetista, que decía que con el espíritu adoramos a Dios pero que con el cuerpo tenemos la libertad de hacer lo que se nos ocurra. Engañados por este y muchos otros pensamientos descuidamos o maltratamos nuestro cuerpo porque terminamos convencidos de esta mentira ancestral que lo importante es el espíritu y que lo que hagamos con el cuerpo no tiene importancia.

BULLING ESPIRITUAL

Pero quiero recordarte algo básico y trascendental, algo que diariamente necesitamos repetirnos al decir: "Soy templo del Espíritu Santo". Esta declaración resume en gran manera muchos de los pasajes bíblicos que hablan acerca del cuidado de nuestro cuerpo.

1 Corintios 3:16-17 *"¿No saben que ustedes son templo de Dios y que el Espíritu de Dios habita en ustedes? Si alguno destruye el templo de Dios, él mismo será destruido por Dios; porque el templo de Dios es sagrado, y ustedes son ese templo."*

1 Corintios 6:19-20 *"¿Acaso no saben que su cuerpo es templo del Espíritu Santo, quien está en ustedes y al que han recibido de parte de Dios? Ustedes no son sus propios dueños; fueron comprados por un precio. Por tanto, honren con su cuerpo a Dios."*

2 Corintios 6:16 *"¿En qué concuerdan el templo de Dios y los ídolos? Porque nosotros somos templo del Dios viviente. Como él ha dicho: Viviré con ellos y caminaré entre ellos. Yo seré su Dios, y ellos serán mi pueblo."*

Efesios 2:21-22 *"En él todo el edificio, bien armado, se va levantando para llegar a ser un templo santo en el Señor. En él también ustedes son edificados juntamente para ser morada de Dios por su Espíritu."*

Nuestro cuerpo tiene suma importancia, porque dentro de este caparazón se contiene un mensaje eterno. Dentro de nuestra estructura física convive con nosotros el Dios trino. Nuestro cuerpo es de incalculable valor. Cuando Jesús

BULLING ESPIRITUAL

muere y resucita, el paga el precio de nuestra salvación integral y no solo del espíritu. Jesús murió para salvar todo nuestro ser.

De modo que cuando el enemigo quiera susurrarnos a nuestro oído esta mentira, necesitaos rápidamente reponernos y en voz audible decirle que somos templo del Espíritu de Dios y que por lo tanto nuestro cuerpo tiene un valor incalculable y que todo lo que Dios ha hecho es bueno.

BULLING ESPIRITUAL

-27-
NO SERVÍS

Esta es una de las estrategias más básicas y con mayor efectividad que el enemigo utiliza en contra de nuestras vidas. Muchas veces comenzamos a sentir y pensar esto desde temprana edad, porque quienes debían confirmar nuestra identidad para bien, la dañaron diciéndonos que no servíamos, que no éramos inteligentes o que nunca lograríamos algo importante en la vida.

Y lo malo de esto es que muchos de nosotros terminamos creyendo esa mentira y por ende actuamos con perdedores, como personas sin esperanza. A veces nos encontramos con gente con la autoestima tan baja que se tropieza con ella. Pero cuando conocemos a Jesús el comienza a reprogramar nuestra vida, y por ende con certeza, desde lo más profundo de nuestro corazón podemos declarar: *"Soy un vaso santificado, listo para que el Señor me use."*

BULLING ESPIRITUAL

Hay muchísimos pasajes en la Biblia que nos hablan acerca de esta verdad. Simplemente para hacer referencia a algunos de ellos, te comparto los siguientes:

1 Corintios 6:11 *"Y esto erais algunos de vosotros; pero fuisteis lavados, pero fuisteis santificados, pero fuisteis justificados en el nombre del Señor Jesucristo y en el Espíritu de nuestro Dios."*

2 Corintios 4:7 *"Pero tenemos este tesoro en vasos de barro, para que la extraordinaria grandeza del poder sea de Dios y no de nosotros."*

Romanos 9:21 *"¿O no tiene el alfarero derecho sobre el barro de hacer de la misma masa un vaso para uso honorable y otro para uso ordinario?"*

2 Timoteo 2:21 *"Por tanto, si alguno se limpia de estas cosas, será un vaso para honra, santificado, útil para el Señor, preparado para toda buena obra."*

La clave para que seamos útiles a nuestro Creador, es que le ofrezcamos vidas santificadas, vidas cambiadas por el poder del Espíritu Santo que mora en cada uno de nosotros. Por los méritos de Jesús y por su gracia que actúa en cada uno de nosotros, podemos a una sola voz declarar, desde lo más profundo de nuestro corazón y con la convicción que produce en nosotros el Espíritu Santo, que somos útiles para Dios, que servimos. Suelo decir: "El que no sirve, no sirve."

Si por alguna razón el enemigo ha tratado de socavar tu

BULLING ESPIRITUAL

confianza, tu relación de intimidad con Dios, diciéndote que no sos importante o que no servís, déjame recordarte en esta ocasión que son alguien importante, que tu vida tiene el precio de la sangre que Jesús derramó allí en el Gólgota y que por lo tanto ante el engaño del enemigo, con certeza en tu corazón podes declararle que sos alguien útil en las manos de Dios; que fuiste creado en realidad para servir.

BULLING ESPIRITUAL

-28-
SOS ENFERMO

Cuando Adán y Eva decidieron desobedecer a Dios allí en el huerto del Edén, ellos abrieron las puertas para que las enfermedades, las heridas y las dolencias ataquen nuestros organismos y en última instancia nos conduzcan a la muerte física.

Por lo tanto, con total seguridad podemos afirmar que nadie es 100% sano. Todos padecemos algún nivel de enfermedad y mientras estemos en estos cuerpos mortales, siempre sufriremos de alguna dolencia o enfermedad; aún cuando el deseo de Dios es que gocemos de salud.

Pero, más allá del ingreso de las enfermedades como consecuencia del pecado original, Dios en el Antiguo Testamento se le presentó a su pueblo Israel como el Jehová Rapha, es decir, el Dios que sana toda dolencia. Esta revelación sucede en Éxodo 15:22-27 cuando el pueblo de Israel

BULLING ESPIRITUAL

había andado 3 días de camino por el desierto, se les había terminado el agua, estaban con mucha sed y cuando llegan a un lugar donde había agua, estas estaban amargas.

Estando allí Moisés clama a Dios y Dios transforma las aguas amargas en aguas dulces. Dios tiene el poder de cambiar los sabores. Siglos más tarde, a través del profeta Isaías el pueblo de Israel recibe una promesa que cambiaría para siempre la historia del pueblo de Dios.

Cuando Isaías tiene una revelación de Mesías, este observa lo siguiente: "*Él fue traspasado por nuestras rebeliones, y molido por nuestras iniquidades; sobre él recayó el castigo, precio de nuestra paz, y gracias a sus heridas fuimos sanados*" (Isaías 53:5). Esta misma promesa es ratificada en el Nuevo Testamento por el apóstol Pedro, cuando en 1 Pedro 2:24 declara: "*Él mismo, en su cuerpo, llevó al madero nuestros pecados, para que muramos al pecado y vivamos para la justicia. Por sus heridas ustedes han sido sanados.*"

Si bien es cierto que el enemigo vino para robar nuestra economía, destruir nuestras relaciones y matar nuestros cuerpos (Juan 10:10); también es cierto que Jesús vino para darnos vida abundante.

Podemos padecer enfermedades, como consecuencia del pecado original, pero también es verdad que una vez que ingresamos en el programa de restauración establecido por el Padre, en esta o en la otra vida experimentaremos salud. Llegará un día en donde, como dicen las Escrituras, ya no habrá mas dolor, ni enfermedad, ni lágrimas.

BULLING ESPIRITUAL

Si el enemigo quiere hacernos creer que estamos enfermos, debemos recordarle que sus días están contados y que los nuestros de dolor también, ya que lo que estamos viviendo no es el último capítulo de la historia.

BULLING ESPIRITUAL

-29-
SOS UN MALDITO

El enemigo ha escrito un decreto de muerte sobre nuestras vidas. El contendido de ese decreto es una suma de maldiciones, es decir palabras mal dichas o dichas fuera de lugar. Pero aquellos que confiamos en Dios, él ha levantado un escudo, una barrera espiritual que hace que esas palabras no tengan efecto sobre nuestras vidas.

Al ser incorporados a la familia de Dios, fuimos injertados en la raíz de la fe de Abraham, por lo tanto las promesas dadas a Dios para su pueblo, también son para nosotros. Cuando Dios llama a Abraham en Génesis 12, una de las promesas que se hace extensiva para nosotros es que todos aquellos que intenten maldecirnos se las verán con Dios.

En la Biblia encontramos muchas promesas que nos sirven de aliento para creerle a Dios. Veamos simplemente estas:

BULLING ESPIRITUAL

Deuteronomio 28:2-6 *"Y vendrán sobre ti todas estas bendiciones, y te alcanzarán, si oyeres la voz de Jehová tu Dios. Bendito serás tu en la ciudad, y bendito en el campo. Bendito el fruto de tu vientre, el fruto de tu tierra, el fruto de tus bestias, la cría de tus vacas y los rebaños de tus ovejas. Benditas serán tu canasta y tu artesa de amasar. Bendito serás en tu entrar, y bendito en tu salir."*

Efesios 1:3 *"Bendito sea el Dios y Padre de nuestro Señor Jesucristo, que nos bendijo con toda bendición espiritual en los lugares celestiales en Cristo."*

Colosenses 2:13-15 *"Y a vosotros, estando muertos en pecados y en la incircuncisión de vuestra carne, os dio vida juntamente con él, perdonándoos todos los pecados, anulando el acta de los decretos que había contra nosotros, que nos era contraria, quitándola de en medio y clavándola en la cruz, y despojando a los principados y a las potestades, los exhibió públicamente, triunfando sobre ellos en la cruz."*

Vemos en estas promesas que somos bendecidos. Pero para que esa bendición se haga una realidad en nuestras vidas o su efecto se mantenga; necesitamos afinar nuestros oídos para escuchar la voz de Dios, como lo establece en Deuteronomio. Si le escuchamos y le creemos, no hay maldición que pueda alcanzarnos. Como gorrión que no encuentra su nido, asi son las maldiciones que se lanzan en contra de los hijos que le temen a Dios. Con certeza y esperanza, a voz en cuello podes declarar.. "Soy un bendecido."

BULLING ESPIRITUAL

-30-
SOS UN PERDEDOR
(Looser)

No hay peor cosa que emprender una carrera creyendo que la perderás. No hay peor cosa que emprender un proyecto y creer que no podrás alcanzar los objetivos propuestos. A veces confundimos fracasos con batallas perdidas. Equivocarse, quebrar con un negocio, cambiar una carrera y dedicarse a otra, no son fracasos. Fracaso sería no volver a intentarlo.

La vida está cargada de experiencias que nos hacen crecer. No todo en la vida cristiana es "pum para arriba". También somos alcanzados por experiencias que nos duelen, que nos desilusionan, que nos lastiman; pero en definitiva, si las tomamos en su correcta perspectiva, estas nos pueden ayudar a crecer, madurar y a profundizar nuestra fe y confianza en Dios.

BULLING ESPIRITUAL

Dios nunca nos dijo que no tendríamos problemas o que no se levantarían enemigos en contra nuestra. Pero sí nos dijo que a pesar de esas situaciones, con su ayuda podemos salir victoriosos. Veamos dos de ellas:

Deuteronomio 28:7 *"Jehová derrotará a tus enemigos que se levantaren contra ti; por un camino saldrán contra ti, y por siete caminos huirán de delante de ti."*

Apocalipsis 1:5b-6 *"Al que nos amó, y nos lavó de nuestros pecados con su sangre y nos hizo reyes y sacerdotes para Dios, su Padre, a él sea la gloria e imperio por los siglos de los siglos. Amén."*

Aunque el enemigo intente intimidarnos, ya sea con palabras, acciones o circunstancias; lo cierto es que si mantenemos nuestra fe en Dios, si perseveramos en nuestra confianza; Dios tomará cartas en el asunto y hará que el enemigo huya despavorido por siete caminos diferentes; es decir, que sesté tan acobardado, preocupado y temeroso que cualquier dirección le va a venir bien para alejarse de nosotros.

Dios no nos hizo para que nosotros perdamos la guerra. En la cruz del Calvario Jesús pagó nuestra deuda al derramar su sangre y no solamente nos reconcilió con el Padre, con quien antes estábamos enemistados; sino que además de eso nos subió de categoría o de status, haciendo de nosotros un pueblo de reyes y sacerdotes.

El puso en nuestro ADN espiritual capacidades, dones y talentos para servir a nuestro prójimo a través de nuestra

BULLING ESPIRITUAL

función de reyes, y también nos dio dones, capacidades y talentos para ministrar adoración a Dios e interceder para que otros puedan conocerle y experimentar el perdón de sus pecados. De modo que con total confianza podes declarar: "E Cristo soy más que vencedor por medio de aquel que me amó."

BULLING ESPIRITUAL

-31-
ESTÁS CANSADO

Otra de las consecuencias del pecado original es que el hombre trabajaría y se cansaría; es decir el cuerpo no rendiría su máximo potencial por vivir en un sistema caído. Por lo tanto es normal que uno trabaje y se canse y no produzca lo que originalmente estaba diseñado. Si a eso le agregamos el paso de los años y el desgaste del cuerpo, el cansancio se agudiza. Pero es entonces cuando Dios nos sale al encuentro con algunas promesas para renovar nuestras fuerzas:

Mateo 11:28-30 *"Vengan a mí todos ustedes que están cansados y agobiados, y yo les daré descanso. [29] Carguen con mi yugo y aprendan de mí, pues yo soy apacible y humilde de corazón, y encontrarán descanso para su alma. [30] Porque mi yugo es suave y mi carga es liviana."*

BULLING ESPIRITUAL

Isaías 40:29-31 *"Él fortalece al cansado y acrecienta las fuerzas del débil. ³⁰ Aun los jóvenes se cansan, se fatigan, y los muchachos tropiezan y caen; ³¹ pero los que confían en el renovarán sus fuerzas; volarán como las águilas: correrán y no se fatigarán, caminarán y no se cansarán."*

Isaías 50:4 *"El Señor omnipotente me ha concedido tener una lengua instruida, para sostener con mi palabra al fatigado. Todas las mañanas me despierta, y también me despierta el oído, para que escuche como los discípulos."*

Jeremías 31:23-26 *"Así dice el Señor Todopoderoso, el Dios de Israel: Cuando yo cambie su suerte, en la tierra de Judá y en sus ciudades volverá a decirse: "Monte santo, morada de justicia: ¡que el Señor te bendiga!" 24 Allí habitarán juntos Judá y todas sus ciudades, los agricultores y los pastores de rebaños. 25 Daré de beber a los sedientos y saciaré a los que estén agotados. 26 En ese momento me desperté, y abrí los ojos. Había tenido un sueño agradable."*

Cada una de estas promesas parte de la base de que estamos cansados o agotados y que si recurrimos a Dios el renueva nuestras fuerzas. Y s bueno aclarar aquí que estas promesas no son solamente una hermosa descripción poética de algo que nunca ocurre, sino que es la descripción real de lo que suele suceder cuando recurrimos a Dios, le dejamos nuestras cargas y recibimos de Él nuevas fuerzas.

El enemigo podrá querer tomar ventajas sobre nuestro cansancio, pero también es importante que él sepa que nosotros tenemos una fuente donde recargar nuestras fuerzas

BULLING ESPIRITUAL

para seguir un tramo mas y de esa manera vencer el obstáculo del cansancio.

CONCLUSIÓN

Ante cada uno de esos acosos, la Biblia nos da una respuesta. Al enemigo le encanta vapulearnos de aquí para allá, nos tiene, como solíamos decir en mi provincia natal, como "maleta de locos". Hoy estamos alegres y mañana nos deprimimos; hoy confiamos y mañana nos alejamos de Dios.

Mientras él logre su cometido, nuestra vida siempre será mediocre. Debe llegar un momento en donde nosotros nos debemos parar firmes sobre las promesas de Dios y decirle: "Diablo inmundo, decido no creerte nada, eres un mentiroso, estás lleno de odio; pero yo decido creerle a Dios y a Su Palabra. Por lo tanto alineo mi corazón a los planes de Dios para con mi vida y en fe declaro lo que Su Palabra me dice, que sus planes son de bienestar para darme un futuro y una esperanza".

BULLING ESPIRITUAL

Si así lo hacemos, veremos que en Cristo somos más que victoriosos. Si incorporamos estas estrategias como un hábito natural, nuestra vida tendrá un cambio significativo. Recordemos que nuestras palabras tiene el poder para generar vida o muerte. En algún sentido somos profetas de nuestro propio destino.

Por lo tanto, no permitamos que el enemigo profetice vida y destrucción sobre nosotros. No le demos lugar a que nos haga bulling espiritual, sino aferrémonos a las promesas de Dios y hagamos que estas se vuelvan carne en nosotros. Cuando menos lo pensemos, amanecerá el Sol de Justicia sobre nosotros trayendo salud en sus alas. Dios te bendice.

OTROS LIBROS DEL AUTOR

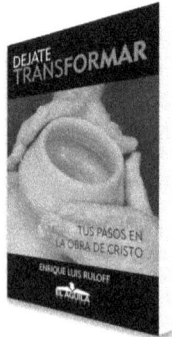

OTROS LIBROS DEL AUTOR

Puede encontrar estos libros en formato e-book en:
www.amazon.com
Autor: Enrique Ruloff

Para contactarse con el autor:
E-mail: enriqueruloff@hotmail.com o fit.director@yahoo.com
Facebook: Enrique Ruloff - Escritor Twitter: @EnriqueRuloff
Tel. (+54) 011-4799-8533

www.ingramcontent.com/pod-product-compliance
Lightning Source LLC
Chambersburg PA
CBHW031653040426
42453CB00006B/292